Lk
1487.
AF475104

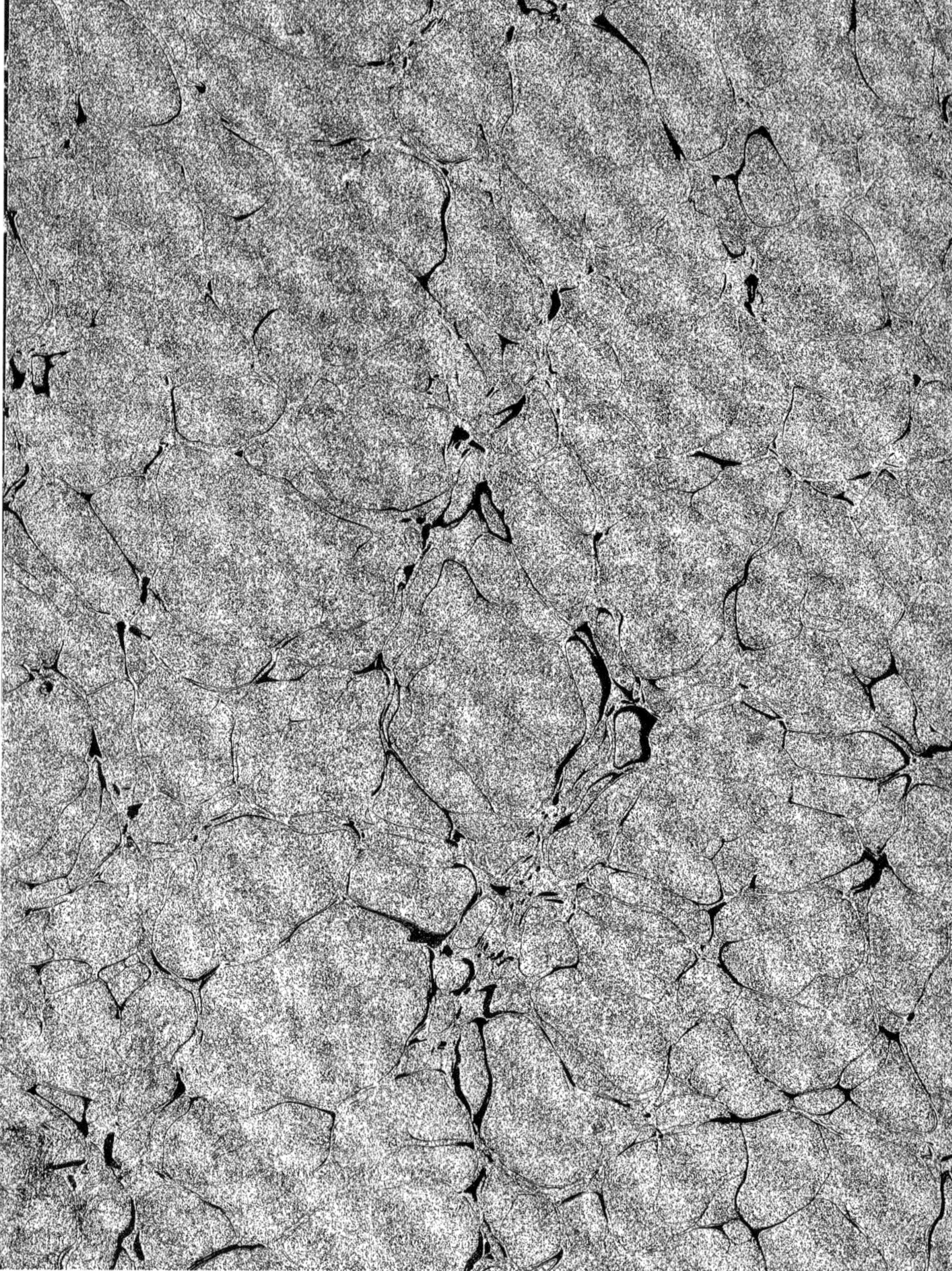

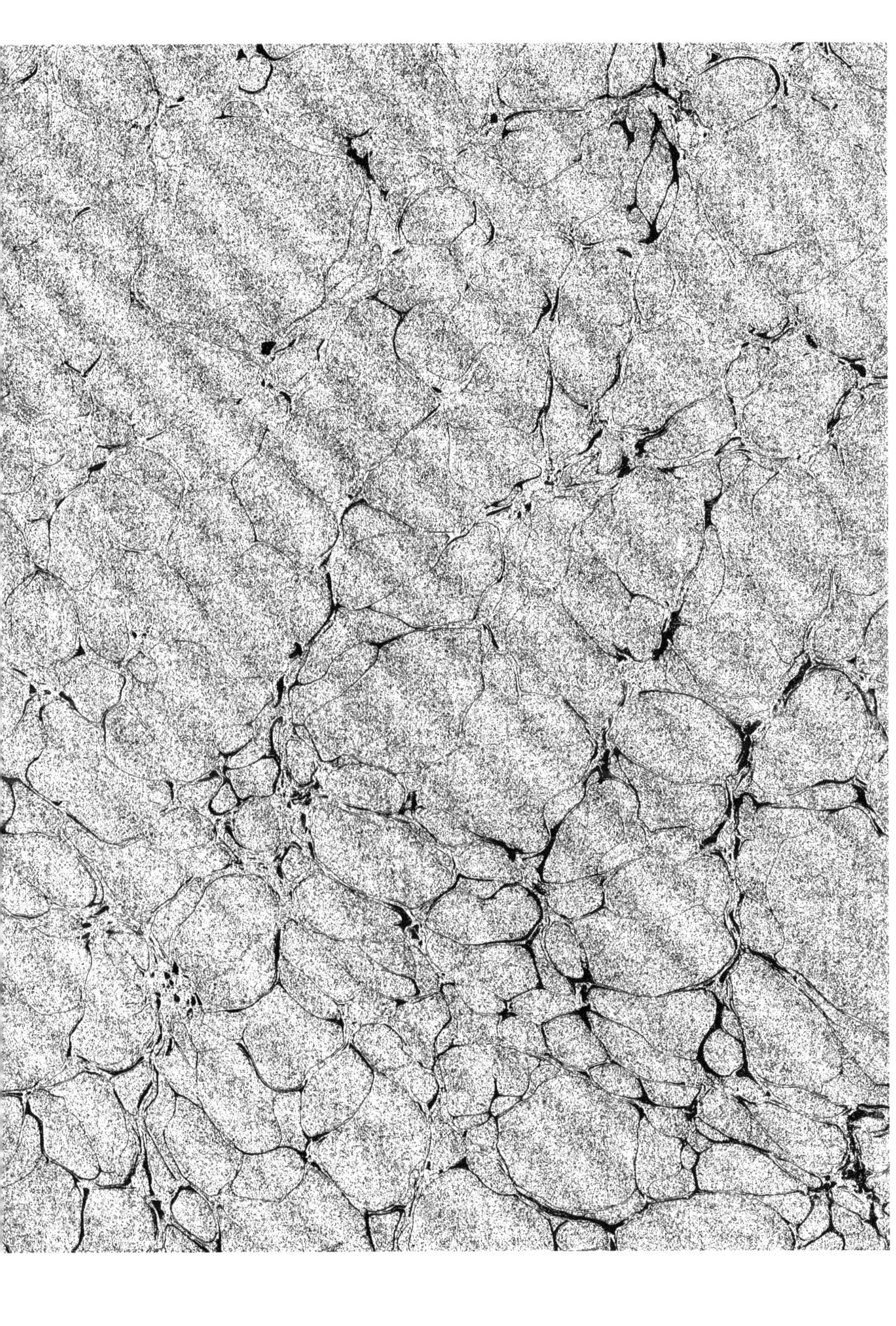

ALGER TEL QU'IL EST

(1887)

PAR

AMBROISE TARDIEU
HISTORIOGRAPHE DE L'AUVERGNE, OFFICIER ET CHEVALIER DE DIVERS ORDRES
MEMBRE DE L'INSTITUT ARCHÉOLOGIQUE D'ALLEMAGNE
DE L'ACADÉMIE ROYALE D'HISTOIRE DE MADRID
DES ACADÉMIES DE CLERMONT-FERRAND, TOULOUSE, MARSEILLE,
ROUEN, NANCY, ETC.

LE PUY
TYPOGRAPHIE DE MARCHESSOU FILS
23, Boulevard Saint-Laurent, 23
1887

ALGER TEL QU'IL EST

(1887)

VUE GÉNÉRALE ACTUELLE D'ALGER
(Prise du côté de la mer).

J'ai passé tout l'hiver à Alger, en 1886, et j'ai déjà eu l'occasion d'écrire quelques lignes sur cette perle de la Méditerranée. Ici, comme un amoureux, reconnaissant, je veux lui consacrer encore ces pages, qui seront, forcément, plus détaillées. Alger mérite tous les éloges de l'écrivain, tout l'enthousiasme du peintre et du touriste. Puisse ce petit travail faire connaître et aimer cette reine de notre Algérie!

Alger n'est plus, aujourd'hui, qu'à quarante-huit heures de Paris. Prenons la voie ferrée, soit que nous passions par Lyon, Avignon, ou Clermont-Ferrand, Nîmes etc.; nous voici à Marseille.

Dans le chef-lieu des Bouches-du-Rhône, on trouve quatre départs de bateaux à vapeur de la Compagnie transatlantique, dits *rapides*, les mardis, jeudis, samedis et dimanches. Nous avons, de plus, un départ de Cette, le mercredi soir et un autre de Port-Vendres, le lundi. Le vendredi, seul, pas de départ. On met vingt-huit à trente heures dans les bateaux à vapeur dits *rapides*, de Marseille à Alger. Quand la mer est calme, le voyage est agréable, facile et sans fatigue. Les sauts des marsouins font seuls diversion à un voyage un peu monotone. Quelquefois, des oiseaux accompagnent le navire; une voile à l'horizon, la lecture, la conversation sont, à bord, les distractions du passager aguerri contre le mal de mer. Pour celui qui en est atteint, il n'y a qu'un seul moyen : se coucher.

Après une traversée de vingt-quatre heures environ, quatre heures avant l'arrivée, la terre apparaît, d'abord, comme une légère bande de brume, puis grandit, se dessine et déroule, enfin, ses montagnes, ses collines, ses villas et sa ville. Voici le cap Caxine avec son phare, puis la pointe Pescade, le village de Saint-Eugène et ses belles villas, dominé par Notre-Dame d'Afrique, le jardin Marengo, la mosquée de Sidi-Abd-er-Rahman; Alger, enfin, qui, de loin, ressemble à une carrière de marbre blanc; à gauche, les côteaux de Mustapha, parsemés de belles villas; plus loin, à gauche encore, le *jardin d'essai*, la Maison-Carrée, etc. Ce panorama, éclairé par un beau soleil d'Afrique, est un des plus merveilleux spectacles que l'on puisse contempler. Nous arrivons. Si c'est la nuit, mille feux éclairent la capitale de l'Afrique. Le boulevard de la République ressemble à un ruban de lumière. Si c'est le jour, le tableau est enchanteur encore. Qui n'a pas vu le vieil Alger contre lequel la mer venait se briser? Aujourd'hui, de larges quais empiètent sur la Méditerranée; les rochers à pic ont fait place à de vastes magasins voûtés, à plusieurs étages, reliés par des rampes pour la circulation des voitures. L'étage supérieur est surmonté d'une terrasse, bordée, d'un côté, de maisons à quatre étages, ayant des galeries en bas, comme la rue de Rivoli, à Paris; de l'autre côté, une balustrade élégante, supportant une foule d'oisifs et de curieux qui attendent l'arrivée des paquebots. Cette terrasse, appelée d'abord, boulevard de l'Impératrice, parce que celle-ci en a posé la première pierre (1860), a reçu, depuis, le nom de boulevard de la République. Elle a 1,200 mètres de long. Ce sont les Anglais qui ont entrepris ce travail gigantesque, l'un des plus beaux de l'Univers. Le coup-d'œil, vu de cette plate-forme, est magique! Au loin, à 70 kilomètres, comme horizon, des montagnes élevées, couvertes de neige en hiver. Vu du

ALGER EN 1650
(D'après une gravure allemande du temps).

boulevard, le golfe d'Alger ressemble un peu à celui de Naples.

Alger, d'après le recensement de 1881, a 93,000 habitants, y compris ses faubourgs; mais on estime à 100,000 âmes la population actuelle. Le croît par année est de 2,000 personnes. Ce sera, bientôt, une très grande ville. Les remparts d'Alger, avec leurs dépendances, couvrent 150 hectares.

Quelques mots, ici, sur l'histoire d'Alger. Cette ville, sous les Romains, s'appelait *Icosium*. Les Arabes envahirent l'Afrique et s'en emparèrent (VIIe siècle). Au Xe siècle, elle commença à s'appeler *Al Djezaïr*. Vers 1150, Abd-el-Moumen, chef des Almohades, reçut la soumission des cheiks d'Alger. Vers 1185, Ali-Ibn-Rania s'empara d'Alger, et le gouverneur qu'il laissa fut bientôt livré au Sultan El-Mansour. En 1225, Ibn-Rania reprit Alger, fit tuer l'émir et clouer le cadavre du représentant du Sultan sur un gibet en croix, à la porte de la ville. En 1234, Abd-ul-Kéria s'étant emparé du Magreb central, donna Alger à son fils. En 1265, les Algériens cessèrent d'obéir au sultan Halif el Mostancer, et vécurent sept ans indépendants; mais Halif el Mostancer ayant fait bloquer Alger, prit la ville et massacra les habitants. Un pirate célèbre, Aroudj-Barberousse, s'en empara en 1516, et se mit sous la suzeraineté du grand Soliman. Nous devons dire que, par leurs actes de piraterie, les Algériens attirèrent, à diverses reprises, la colère des États de l'Europe : Duquesne bombarda Alger en 1682, 1683. Le maréchal d'Estrées lança contre la ville plus de 10,000 bombes, en 1688; la flotte de l'amiral espagnol Angelo Barcelo (1782), la couvrit de projectiles; elle recommença le bombardement en 1784. L'Angleterre, en 1816, lança sur Alger 50,000 projectiles. A la suite de cette dure leçon, l'amiral Exmouth obtint l'abolition de l'esclavage.

ALGER EN 1830

En février 1716 et en novembre et décembre 1755, Alger a été détruit en partie par deux terribles tremblements de terre.

En 1826, le juif Bacri, réclama le paiement des fournitures de blé à la France pour 8,000,000 de francs. Il était débiteur, d'autre part, de négociants français qui mirent opposition à cette somme. Il se plaignit au Dey, qui entra en pourparlers avec le consul français, M. Deval; mais celui-ci ayant admis la revendication de ses nationaux, le dey (Hussein ben Hassan) porta, à notre consul, un coup de chasse-mouches, ce qui eut lieu dans le pavillon de la Casbah, qui existe encore et que l'on nomme *Pavillon de l'éventail*. Cette insolence amena le blocus d'Alger par notre amiral de la Bretonnière (1829); l'armée française, forte de 30,000 hommes, commandée par le maréchal de Bourmont, débarqua à Sidi-Ferruch (1830). Quatre jours plus tard, la sanglante bataille de Staouëli et la prise d'Alger (5 juillet 1830). Un traité de paix nous assura, pour toujours, l'Algérie, cette seconde France, aujourd'hui.

Parcourons, maintenant, la ville haute, le *vieil Alger*. Je ne connais pas de cités qui présentent, comme ici, une masse de constructions si serrées, si compactes. C'est le tableau le plus bizarre, le plus étrange qu'il soit possible d'imaginer. La ville moderne est placée aux alentours du boulevard de la République, sur le bord de la mer. Elle ressemble à Paris comme animation, bâtiments, magasins, etc. La vieille cité des deys offre des centaines d'escaliers rapides, bordés de maisons mauresques, portant des bois en encorbellement et soutenues par des arcades au milieu des rues; c'est un labyrinthe, un dédale unique. Ici et là, les regards sont frappés par une variété de costumes, de types, de figures, par un mélange de races dont aucune autre capitale ne peut donner une idée. L'Arabe, le Juif passent tour à tour; la femme mauresque, voilée, glisse timidement le long des murs; Kabyles des montagnes, Maures et Biskris, Espagnols et Maltais se croisent sans cesse dans les rues; des spahis marchent rapidement; des troupeaux d'ânes et de mulets apportent les provisions au marché.

Un mot du port d'Alger actuel. Ce n'est plus le petit port, tel que les Turcs l'avaient créé. Il a 90 hectares, grâce aux deux jetées; l'une de 700 mètres (celle du nord), l'autre (celle du sud) de 1,235 mètres. La gare du chemin de fer est placée le long de ce port.

Les vieux remparts d'Alger ont été démolis. C'est à peine s'il en reste quelques vestiges; une vue d'Alger, en 1650, en donnera une idée. Ils avaient 750 mètres du côté de Bab-Azoun et 910 du côté de Bab-el-Oued.

Nous citerons, parmi les places d'Alger, celles du Gouvernement (la plus grande), à droite, avec la statue équestre du duc d'Orléans, fondue avec des canons encloués lors de la prise d'Alger; la place Bresson, à gauche, avec de beaux palmiers et un kiosque pour les concerts, pendant l'été. Les rues principales ont les noms de Bab-Azoun et de Bab-el-Oued. Dans la première, se trouvent les plus riches magasins de la ville; là, promeneurs et gens affairés se pressent sous les arcades des habitations. La rue Bab-el-Oued est, également, très commerçante. La rue de la Lyre est occupée presque entièrement par de notables négociants israélites. Parmi les marchés, on doit visiter celui de la place de Chartres, où l'on vend des fruits, des légumes, des fleurs; le marché de la place de la Lyre est couvert de denrées portées par les Arabes; celui de la place Mahon brille par la volaille et les fruits; le marché arabe, place Bugeaud; à l'angle de la place du Gouvernement, le marché de la Pêcherie où l'on trouve toute espèce de poissons.

Quelques mots sur les maisons mauresques. Il faut convenir que, de tous les arts, celui que les Maures entendent le mieux, c'est l'architecture. Ils aiment à être logés au large. La maison maure n'a pas de façade à l'extérieur. C'est un quadrilatère, surmonté d'une terrasse et d'un toit plat. Les portes d'entrée sont massives, garnies de clous à grosses têtes. En général, chaque porte a un portique, puis vient le vestibule, appelé *skiffa*, garni de bancs. On arrive dans une cour ouverte. Autour de la cour, on trouve quatre galeries, soutenues par des colonnes. Au-dessus, une deuxième galerie. Les portes des chambres sont à deux battants et faites de petits panneaux sculptés. Les murs et les escaliers sont ornés de carreaux de faïence; des nattes ou des tapis couvrent le pavé des chambres, dans lesquelles sont des divans, de grands coffres. Le palais du Gouverneur de l'Algérie, qui a appartenu à Hassan-Pacha, et le palais de l'Archevêché sont des habitations mauresques très remarquables. A Mustapha-Supérieur, se trouve le palais d'été du Gouverneur. Le style mauresque est ici dans toute sa splendeur. Un mot sur le gouverneur actuel, M. Tirman; c'est un homme aimable, bienveillant, travailleur et aimé de tous ceux qui l'approchent.

Vous arrivez à Alger et cherchez un logement. Vous avez les Hôtels de l'Europe, de l'Oasis, de la Régence (9 à 15 fr. par jour et plus), de Genève, du Louvre, de Paris, des Étrangers (7 à 12 fr. par jour).

Les chambres meublées coûtent, le mois, de 100 à 30 francs. A 40 francs on peut avoir une bonne chambre et même un petit logement. Pour les pensions culinaires, au mois, voici les prix : (déjeuner et dîner), 150 fr. à l'Hôtel de l'Europe; 120 fr. à l'Hôtel de la Régence; 100 fr. à l'Hôtel de Genève; 100 fr. à l'Hôtel des Étrangers ; 2 fr. 50 chaque repas (excellents) à l'Hôtel du Louvre ; l'Hôtel de Paris a les négociants pour clientèle accoutumée. Vous trouvez encore de bonnes pensions à 50 et 60 fr. le mois, mais dans des restaurants sans luxe. Nous citerons les Cafés de Bordeaux (excellente société), le Café Glacier, le Café d'Alger, le Café d'Apollon (ancien et bien situé), la Brasserie Gruber (vaste salle). Dans ces cafés, le prix de la tasse de café est de 30 ou 25 centimes ; mais dans les nombreux établissements inférieurs d'Alger, la même tasse et chaque consommation ne coûtent que 15 et même 10 centimes. Les Cafés arabes (excellents) font payer 5 centimes la tasse. Ces derniers établissements livrent le marc avec le café.

La cathédrale d'Alger vient d'être restaurée avec goût. On y voit le bloc de pisé qui renferme les ossements du vénérable *Géronimo*, maure converti au christianisme et qui fut enseveli vivant, par ordre d'un pacha, dans l'épaisseur d'un rempart. Il mourut ainsi martyr de sa foi, en 1569.

La synagogue, place Randon, est un monument dans le style mauresque, terminée en coupole. Le grand rabbin de la circonscription consistoriale d'Alger, M. Isaac Bloch, est un érudit estimable et estimé.

Les mosquées suivantes sont à visiter : la grande mosquée, que l'on croit de l'an 1018 ; près de la place du Gouvernement, la mosquée de la Pêcherie (elle est de 1660) ; la Zaouia Abd-er-Rahman-el-Tçalbi, près du jardin Marengo, élevée en 1471. Elle renferme les restes d'un personnage très vénéré chez les Musulmans : El-Tçalbi, (mort en 1471) ; c'est l'une des plus curieuses et des plus riches de l'Algérie. On y voit les tombeaux de plusieurs pachas et de divers hauts fonctionnaires, notamment du fameux Ahmed, bey de Constantine, qui fit dévorer, par des chiens, le ventre à quelques-uns de nos soldats faits prisonniers.

LE BOULEVARD DE LA RÉPUBLIQUE A ALGER

Les bibliothèques d'Alger sont : 1° la bibliothèque-musée, que dirige si bien le savant et aimable M. O. Mac-Carthy, dont le souvenir restera dans mon cœur. Elle a 25,000 volumes et possède un musée intéressant d'antiquités romaines et occupe le palais mauresque de Mustapha-Pacha, qui est un modèle du genre ; 2° la bibliothèque municipale, avec des livres bien choisis ; elle est très fréquentée ; le conservateur est d'une extrême obligeance ; 3° la bibliothèque universitaire qui a 20,000 volumes.

Le grand théâtre d'Alger, ouvert pendant l'hiver, rebâti en 1883, est remarquable par son architecture. On appréciera la vaste salle des fêtes, en style mauresque, qui fait suite à la scène, et qui est fort utile les jours de bals. Dans ce théâtre, on donne des opéras, des comédies, des drames. Le prix des places est fort modéré (3 fr. 85, les fauteuils d'orchestre ; 2 fr. 85, les stalles ; 1 fr. 50, le parterre), quoique d'excellents artistes lyriques s'y fassent entendre. De bonnes troupes jouent,

LE PALAIS DU GOUVERNEUR GÉNÉRAL

(A Mustapha-Supérieur)

également, au Théâtre des Nouveautés. Alger possède enfin, un café chantant (Casino) : celui de la Perle.

A droite, attenant à la ville, le jardin Marengo, fréquenté, le samedi, par de belles Juives. A gauche, assez loin de la cité, après Mustapha-Inférieur, le magnifique *Jardin d'essai*, créé en 1832, où croissent des milliers de palmiers. C'est le plus beau jardin de l'Algérie. Il a environ 80 hectares.

Comme faubourg d'Alger, citons le joli chef-lieu de commune de Saint-Eugène, où se voient de charmantes campagnes (de vrais châteaux) entourées d'orangers, de citronniers et de fleurs, notamment celle de l'honorable famille Stora, l'une des plus anciennes d'Alger ; celle de M. Baranès, posée agréablement sur le bord de la mer, etc. Saint-Eugène, tapissé des fleurs pourpres de la *Bougainvillea bresilea*, est le lieu de rendez-vous des habitants d'Alger, qui vont se reposer les jours fériés (1). On se dirige beaucoup au lieu dit *Châteauvert*, d'où la vue sur la mer est splendide et que nous recommandons.

Au nord d'Alger, au dessus du bourg de Saint-Eugène, le beau séminaire des missionnaires de Notre-Dame d'Afrique, dont la magnifique église en style roman, domine majestueusement le paysage. Les Pères de cet établissement sont des érudits et des hommes du monde, ce qui ne gâte rien.

A Mustapha-Supérieur, dans la direction opposée, belles villas habitées par des Anglais, à côté de quelques hôtels de premier ordre. Au lieu dit le *Frais-Vallon*, du même côté que Saint-Eugène, des restaurants fort gais sont aussi un lieu de promenade.

Alger est toujours merveilleux à voir ; que ce soit l'hiver, le printemps ou l'été. Le port d'Alger, la mer

(1) Alger a trois jours de fêtes par semaine : le vendredi, pour les Musulmans ; le samedi, pour les Israélites ; le dimanche, pour les Chrétiens.

bleue, les coteaux éternellement verts, un horizon très étendu, font de cette capitale un des plus beaux sites du monde. Si vous voulez voir Alger, considérez cette ville le matin, au lever du soleil, sur le pont du courrier venant de France, ou bien au bout de la jetée. J'ai été saisi par ce spectacle. Examinez aussi Alger, le soir, entre dix heures et minuit, par un beau clair de lune, à l'angle des vieilles rues de la Casbah, le haut de l'escalier de la rampe Vallée; enfin, par une nuit noire, entre neuf heures et minuit, du pont du bateau partant par la côte est. Oh! bel Alger, tu as ravi mon âme poétique; tu resteras, toujours, comme un tableau délicieux placé devant mes yeux?

Alger compte 8,000 Israélites. Ce sont des gens actifs, sobres, laborieux, patients, intelligents et, la plupart, riches. Plusieurs familles juives d'Alger, les plus anciennes et les plus honorables, se sont établies, dans cette ville, en 1492, lors de la grande expulsion de 800,000 Juifs d'Espagne qui les refoula en Afrique (1). Les Israélites d'Alger avaient, jadis, en leurs mains, le grand commerce de cette capitale et nolisaient des vaisseaux pour la France, l'Italie, l'Espagne. On sait que les Israélites de l'Algérie ont été nationalisés français, grâce aux démarches de M. Crémieux, par décret du mois d'octobre 1870. Ils ne sont pas les moins attachés à la France, dans notre belle colonie.

UNE JUIVE D'ALGER

Les vieux Juifs portent encore un costume indigène,

(1) Voir *Livre d'or des Israélites algériens*, par M. J. M. Haddey, in-12, 1872, fort intéressant. — Il est probable que les Israélites se sont fixés à Alger, vers 1270. Un de leurs rabbins, Isaac Barchichat, très vénéré, né à Barcelone, mort vers 1408, eut pour successeur le savant Simon Duran, décédé en 1442.

qui ressemble à celui des Arabes, quoique plus riche; mais la jeune génération, la jeunesse à l'esprit vif, pénétrant et aimable, parle notre langue et se met à la française. Les Juives d'Alger passent pour belles. Elles font beaucoup d'effet avec leur teint particulier aux femmes d'Orient, à la fois mat et coloré. Leur chevelure est luxuriante, ondulée, d'un noir d'ébène. Elles portent l'ancien costume israélite, si pittoresque avec ses sebbates, sortes de sandales, ses robes de soie de couleurs voyantes, brodées d'or, ses mouchoirs en étoffes d'or et d'argent autour de la tête, ses cheveux lisses

JEUNES MAURES A ALGER

partagés par une raie sur la droite et formant un bandeau plat du côté du front. Si les Juives s'habillent à la française, elles ont du goût et de la recherche. Enfin, disons qu'elles sont excellentes mères de famille, femmes d'un cœur immense. J'ai été ému, un jour que je visitai le vaste et beau cimetière israélite, placé à Saint-Eugène. Là, j'ai vu des Juives pleurant à chaudes larmes sur les tombeaux de leurs maris ou de leurs fils. Oh! combien ces larmes abondantes avaient quelque chose de touchant! Je sais, de plus, que les Juives adorent leurs enfants et leurs parents. Qu'un hommage soit rendu à ces bonnes mères!

Alger a beaucoup d'Espagnols; ils appartiennent, en général, à des classes peu aisées, et gardent leur costume national. Ils sont, très souvent, guitaristes ou musiciens; car quel est l'Espagnol qui ne joue pas de la guitare? Somme toute, ils sont poètes et artistes. Il y a aussi des Italiens; beaucoup vivent de pêche; des Maltais, qui exercent l'état de fruitiers. En Orient, on dit qu'un Juif roule un Chrétien, un Grec un Juif, un Arménien un Grec. A Alger, on prétend qu'un Maltais les roulerait tous à la fois.

Les Arabes sont encore très nombreux à Alger et

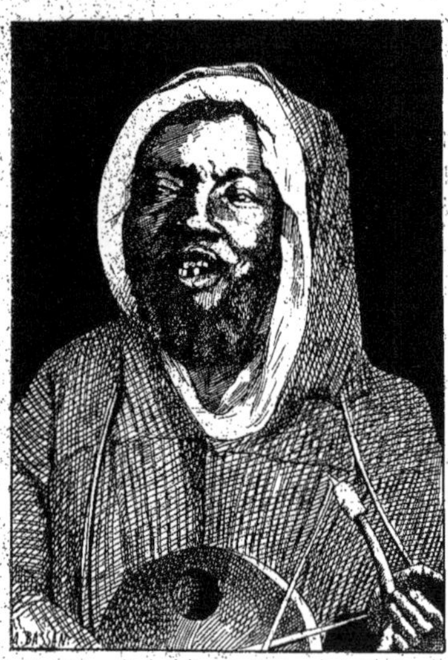

SALEM, MUSICIEN NÈGRE A ALGER

habitent la vieille ville. Ils sont vêtus d'amples robes de laine blanche; sont grands de taille, solennels comme une statue, et passent en silence au milieu des rues. Les Maures sont mis avec recherche : pantalon et veste de soie; le Kabyle, monté sur un petit âne, est le montagnard; il est hospitalier. L'Arabe habite les pays de plaine; il mène une vie nomade. Il est brave, téméraire, résigné, fier, croyant. Il couche à terre, boit de l'eau. Les femmes arabes sont voilées des pieds à la tête, ce qui les fait ressembler à des fantômes. Il y a des Mauresques remarquablement belles. Elles ont le nez droit, les cheveux noirs, l'œil entouré de cils noirs, surmontés de sourcils d'une finesse extrême. Elles aiment les bijoux. De la vie, elles ne connaissent que la maison. Elles s'appellent Sabeiba (aurore), Bedja (douce, agréable), Zohra (fleur), Saïda (fortunée), Amina (fidèle), Safia (choisie), etc. Remarquons que les Arabes ont une foule de proverbes admirables. Disons ici, qu'ils reconnaissent trois plaisirs en cette vie : voir, parler, toucher.

Un spectacle fort curieux est celui des *Aïssaouas*. Ils donnent des représentations de temps à autre. Figurez-vous, dans la cour d'une maison mauresque, une douzaine de musiciens, tapant sur des darboukas à qui mieux mieux et psalmodiant des mélodies religieuses. Sur une table, des poinçons, une pelle, un sabre, quelques bougies de couleur brûlent à côté. Des Arabes autour font des contorsions effroyables, dansent et

UNE MAURESQUE D'ALGER

Si vous voulez entendre de la musique arabe, montez dans la vieille ville. Vous vous dirigerez, au son des darboukas, espèces de tambours aux sons multipliés, et de flûtes criardes. Au premier abord, cette musique paraît un charivari détestable; mais, bientôt, on s'y accoutume ; on la comprend ; elle devient mélancolique. J'ai passé des heures à l'écouter. Elle n'est pas sans charmes.

sautent, se démènent comme des énergumènes. On leur présente des pelles rougies au feu ; ils les saisissent, se les appliquent sur la langue, la plante des pieds. Celui-ci prend une grosse alène et s'en perce la langue ; celui-là s'enfonce un poinçon dans l'œil; un autre mange des morceaux de cactus hérissés de longs dards ou un scorpion vivant, une écuellée de charbons ardents. C'est inouï; c'est à n'y rien comprendre! Les

Aïssaouas disent qu'ils ont obtenu de Dieu tous ces privilèges surprenants et se les transmettent. On paye 3 fr. d'entrée pour voir cette fête.

Allez aux bains maures, par curiosité et utilité. Il y a de nombreux établissements de ce genre, à Alger. De six heures du soir à minuit, pour les hommes; de midi à six heures, pour les femmes. Là, vous subirez l'opération du massage, dans un milieu à chaleur torride, mais bienfaisante. Impossible d'imaginer, après une série de lavages, la volupté que l'on ressent et les délices du lit de repos, dans lequel on vous couche emmailloté. Tout cela pour 50 centimes !

INTÉRIEUR D'UNE MAISON MAURESQUE

Il n'existe pas au monde de climat plus sain et plus agréable que celui d'Alger. Ecoutez la statistique : tandis que la moyenne de la température, pendant les six mois d'hiver, ne s'élève guère à Paris, au-dessus de 6 degrés, qu'elle ne dépasse pas à Pau, Biarritz, 9 degrés ; à Rome, 13 ; à Nice, Cannes, Hyères et Naples, 14 ; à Malaga, 15 ; à Palerme, 16 ; elle atteint, à Alger, 18 degrés. Aussi, ce climat convient-il éminemment aux phtysiques qui y viennent pendant la froide saison.

Les Algériens ont, comme tous les peuples du monde, des qualités et des défauts. Grâce au climat, ils sont extrêmement précoces. A quinze ans, ce sont des hommes ; à vingt-cinq, ils n'ont plus d'illusions. Ils ont une affabilité brusque ; sont passionnés, sensuels, confiants, aiment les spectacles. N'oublions pas de dire qu'ils sont charitables. Les Israélites, notamment, ont des bureaux de bienfaisance qui les honorent beaucoup ; aussi n'y a-t-il pas de mendiants juifs dans les rues d'Alger.

Je ne dois pas passer sous silence qu'Alger a des courses hippiques. Le champ où se donnent ces fêtes utiles est placé à Mustapha-Inférieur. On y voit de bien jolis chevaux, de race arabe la plus pure.

Sous les arcades du boulevard de la République, près de la Pêcherie, un musée (à visiter) renferme les produits et curiosités de l'Algérie.

Alger n'a pas encore de *Casino*, où l'on entendrait de bons concerts et donnerait des bals ; mais il faut espérer que cet établissement, indispensable aux étrangers, qui s'y rendent l'hiver, au nombre de 6,000 au moins, sera édifié sous peu ; c'est le vœu de tous. Il est certain que, le jour, cette ville n'offre pas assez d'éléments de distraction à celui qui y vient séjourner l'hiver. Constatons, cependant, que la *Société des Beaux-Arts* donne de bons concerts. Elle se trouve rue du Marché-d'Isly. C'est dans le local de cette Société intelligente qu'on voit un musée de tableaux. Citons les principales toiles : le Président de la République à la revue de Satory (par Horace Vernet); Bonaparte faisant grâce aux révoltés du Caire (par Ronot); la Soumission du Chérif Mohammed-ben-Abdallah, en 1861, (toile panoramique de Couver-Chel); Priam allant supplier Achille de lui rendre les mânes d'Hector (par Doyen); le même Priam aux genoux d'Achille (par Vien); Saint Louis débarquant à Damiette (par Lefebvre) ; le Maréchal de Mac-Mahon, en guerre (par Behellere); un Membre du Conseil des Dix (par Paris-Bordone); une Vue de Bône (par A. de Pujol); Psyché à la cour des dieux ; copies, par un maître ancien, de deux fresques de Raphaël; Saint-Marc de Venise (par Van Elven); une Tempête en 1843, dans le vieux port d'Alger (par Morel-Fatio); cette dernière tempête célèbre coûta la vie à 14 personnes et la perte de 24 navires.

Alger possède des peintres de talent qui y viennent passer l'hiver ou qui y résident. Nous devons classer, ici, comme les meilleurs, M. Ferrier, prix de Rome, auteur du beau tableau « *Les fumeurs de Kif* », et M. Lazerges, qui a écrit un travail remarquable sur l'art.

Il existe peu de villes où l'instruction soit aussi bien comprise qu'à Alger. Le lycée se distingue par la beauté de son installation matérielle, la composition mixte de ses élèves et l'excellence de ses études et de ses professeurs. Il a été installé, dans son local actuel, en 1868, au bout de la rue Bab-el-Oued. L'École normale est à Mustapha Supérieur et forme d'excellents maîtres. Alger, au point de vue météorologique, est, peut-être, la ville la mieux étudiée du monde. Il possède neuf observatoires.

De nombreux journaux politiques sont publiés à Alger. Citons *l'Akhbar, la Vigie algérienne, la Dépêche algérienne, le Moniteur de l'Algérie, le Petit Colon*, le *Petit Algérien, le Radical*, la *Nouvelle France*, le *Mobacher*, l'*Union africaine*, etc. Il y a aussi la *Revue africaine* (recueil historique); *Alger-Touriste*, *Alger-Saison* (deux feuilles périodiques pour les étrangers), etc., etc.

Pendant l'hiver, on donne des bals de diverses sociétés au grand théâtre. Ils sont fort curieux à voir; car il y a un entrain que je n'ai rencontré nulle part et foule de danseurs. La gaieté la plus franche y règne. Therpsichore y triomphe.

Que vous dire encore d'Alger? Au palais du Gouverneur, ont lieu aussi, l'hiver, des bals officiels très réussis. Comme en France, les dames d'Alger prennent chacune, un jour par semaine, pour la réception de leurs visites. Certains de leurs salons ne le cèdent en rien à ceux de Paris. Les Israélites aiment les belles choses, notamment. On trouve de précieux objets d'art dans leurs demeures. Dans ces salons, si l'on est présenté, on rencontre un accueil empressé, gracieux. Vous trouvez même, là, l'occasion de vous faire des amis durables; car, l'Algérien, s'il vous aime, vous est attaché profondément et ne vous oublie jamais. Quel privilège du cœur que celui-là et combien il mérite notre admiration!

UNE RUE DU VIEIL ALGER

Pays du soleil, pays où fleurit l'oranger, Alger, je te salue, je t'aime. Ces pages, trop courtes, te feront,

peut-être, connaître et apprécier. C'est là mon désir le plus cher.

ENVIRONS D'ALGER

Alger est un centre de promenades charmantes, en voiture, à cheval ou à pied. Voici celles qui nous paraissent les plus belles :

1° D'ALGER A GUYOTVILLE (15 kilomètres). On sort par le faubourg Bab-el-Oued. On traverse Saint-Eugène (à 3 kil.), la pointe Pescade, où l'on voit de curieuses roches aiguës, des grottes creusées par les vagues, des plateaux herbus. On passe au cap Caxine (12 kil.), puis l'on arrive au joli village de Guyotville (15 kil.).

2° D'ALGER A NOTRE-DAME D'AFRIQUE. La montée (3 kil.) est très rude. (Voiture 5 fr. aller et retour.) Arrivé au sommet où est bâti le séminaire des missionnaires de N.-D. d'Afrique, on visite l'église dont les plans sont de M. Fromageau, architecte diocésain. Ce monument, en style roman, fait le meilleur effet au sommet de la montagne. Parmi les ex-votos, fort nombreux, placés à l'intérieur, citons les épées du maréchal Pélissier et du général Yusuf, une statue de Saint-Michel, en argent massif, d'une valeur de 100,000 fr., donnée par la corporation des pêcheurs napolitains.

3° D'ALGER AU FRAIS-VALLON (2 kil. 1/2). On tourne, à gauche, au point où commence la cité Bugeaud. On arrive dans une pittoresque vallée, retraite ombreuse et paisible toujours abritée des rayons du soleil. On dirait un coin de la Suisse en petit, transporté, là, comme par enchantement. L'horizon est borné par trois arêtes montagneuses, séparées par d'abrupts ravins.

4° D'ALGER A LA BOUZARÉA. Deux chemins y conduisent. Celui par El-Biar (9 kil.) et celui par la rampe Valée, la Casbah. Le village de Bouzaréa (407 mèt. d'altitude), offre un panorama immense. C'est le point le plus salubre des alentours d'Alger. Dans les ravins de la Bouzaréa, on trouve tous les fruits de France.

5° D'ALGER A LA TRAPPE DE STAOUELI ET SIDI-FERRUCH (25 kil.). On passe à El-Biar; à 12 kil., Chéragas (198 mèt. d'altitude). Les cultures de ce village sont des plus remarquables. On y voit des prairies étendues. A 17 kil., la trappe de Staouéli. Là, se trouve un monastère de Trappistes, autorisé par arrêté de 1843, dans le voisinage du camp et du lieu où se livra la bataille de Staouéli. Ce couvent cultive un grand territoire planté de vigne, 70 hectares de géranium, 6 hectares d'orangers et possède plusieurs forêts d'eucalyptus ainsi que de grands vergers. Le vin de Staouéli est estimé. On compte 108 religieux dans cette trappe, dont 22 de chœur. Les Pères reçoivent tous les étrangers avec une affabilité extrême et donnent même l'hospitalité gratuitement, quand on arrive aux heures des repas. A 9 kil. de la Trappe, Sidi-Ferruch, presqu'île célèbre par le débarquement de l'armée française (14 juin 1830). C'est de Sidi-Ferruch que partit notre armée, qui fit son entrée à Alger le mois suivant.

6° D'ALGER A DOUÉRA (23 kil.). On passe à Ben-Aknoun (8 kil.), à Dély-Ibrahim (11 kil.), enfin à Douéra, chef-lieu de canton, l'entrepôt des contrées voisines.

7° D'ALGER A BIRKADEM, par BIRMANDREÏS (10 kil.). Traversez Mustapha-Supérieur (3 kil.); passez à la « colonne Voirol » (210 mèt. d'alt.), élevée à la mémoire du général Voirol qui fit commencer la route (1833). De ce point on aperçoit Alger, son port, ses faubourgs, la Méditerranée. A 7 kil. Birmandreïs, nom qui veut dire puits de Mourad, le corsaire, ce village est situé au fond d'un gracieux vallon. C'est un des plus beaux sites des environs d'Alger. Un chemin mène au « ravin de la femme sauvage », qui est des plus pittoresques; sur le bord, s'enchevêtrent, avec une véritable exubérance de sève et de vie, des grenadiers, des jujubiers, etc. A 10 kil. Birkadem, agglomération de fermes et de villas arabes, dans un territoire fort riche.

8° D'ALGER A HUSSEIN-DEY (6 kil.). On traverse l'Agha, Mustapha-Inférieur (3 kil.); à droite de la route, à 4 kil., la Kouba de Sidi-Mohammed-Abd-er-Rahman-Bou-Kobrin, visitée, le vendredi de chaque semaine, par de nombreuses femmes mauresques; à 5 kil., le café des Platanes, dans un lieu fort joli; on voit le jardin d'essai ou jardin du Hamma, qui a environ 80 hectares. Ce coin, jadis stérile, est aujourd'hui un vrai paradis terrestre. C'est là qu'en 1541 Charles-Quint opéra son célèbre débarquement, si malheureux. A 6 kil. le *Ruisseau*, puis Hussein-Dey (6 kil.), deuxième station du chemin de fer d'Alger à Oran. Ce chef-l. de commune doit son nom au dernier pacha d'Alger, qui y possédait une maison de plaisance, qui sert d'entrepôt pour les tabacs.

9° D'ALGER A KOUBA (9 kil.). On suit le chemin d'Alger au Ruisseau. La route monte jusqu'à Kouba, entre les jardins de nombreuses villas. Kouba, chef-l. de commune, sur une hauteur, domine la rade décrivant sa courbe d'Alger à Matifou. Ce lieu possède un orphelinat, un grand séminaire et une église dont la coupole se voit de très loin.

10° D'ALGER AU CAP MATIFOU, PAR LA MAISON-CARRÉE (27 kil.). On peut prendre le chemin de fer d'Alger à la Maison-Carrée, ou bien l'on se rend en voiture par Hussein-Dey; ensuite, on passe à la *Maison-Carrée* (12 kil.), au *Fort de l'Eau* (18 kil.), beau village où la culture maraîchère est poussée à un haut degré, à *la Rassauta* (20 kil.), à *Rusgunia* (26 kil. 1/2), où l'on remarque les ruines d'une ville romaine; enfin, (27 kil.) au *Cap Matifou*, orné d'un phare. C'est là que Charles-Quint se rembarqua, après son expédition désastreuse (1541).

AMBROISE TARDIEU.

Le Puy, typographie Marchessou fils, boulevard Saint-Laurent, 23.

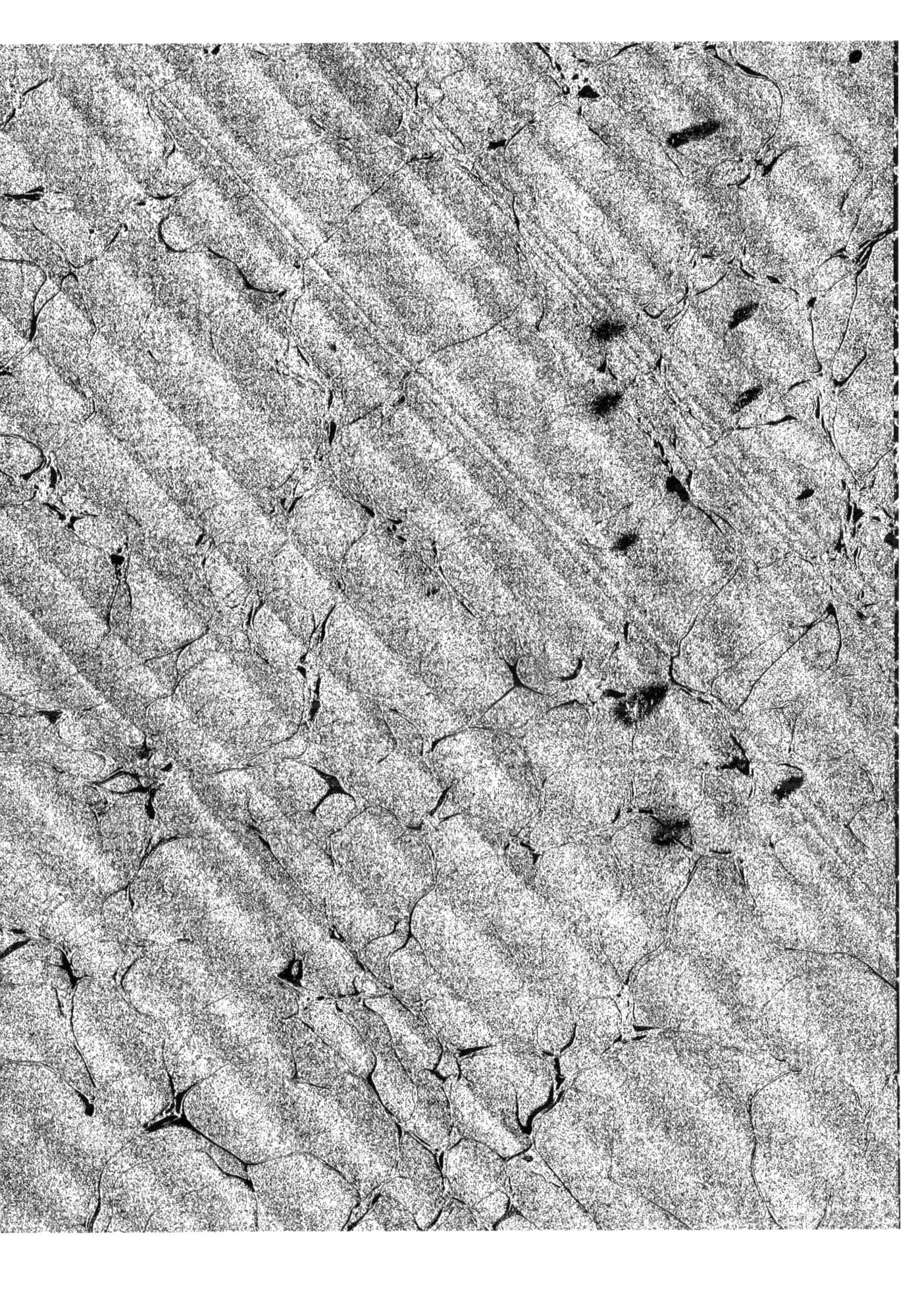

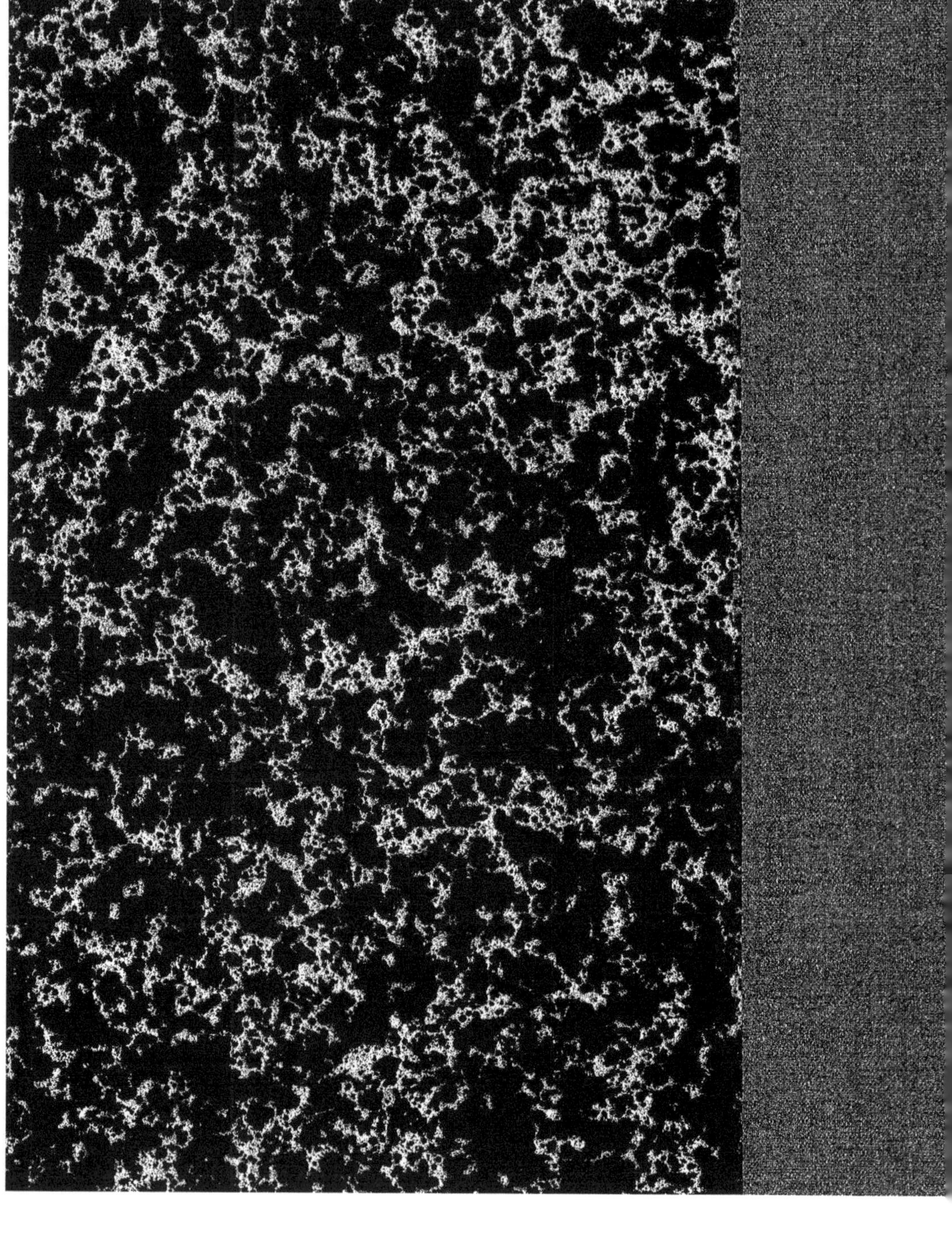

www.ingramcontent.com/pod-product-compliance
Ingram Content Group UK Ltd.
Pitfield, Milton Keynes, MK11 3LW, UK
UKHW021036200726
13857UKWH00004B/1759